L'Univers Illustré
Des Chefs-d'Œuvre de l'Homme

Texte de S. Adams
Illustration de S. Biesty
Adaptation Image et Page

Héritage jeunesse

Sommaire

Pour quelle raison fut construit le Parthénon ?
La cité grecque d'Athènes est dominée par le temple du Parthénon.
Il a été construit sur l'Acropole, une colline de pierres fortifiée.
Sa construction a commencé en 447 avant J.C., en l'honneur d'Athéna, déesse de la Sagesse.
Les Athéniens pensaient que la déesse les avait aidés à gagner les guerres qu'ils avaient menées contre les Perses.

Pourquoi la Grande Muraille de Chine a-t-elle été construite ?

La Grande Muraille de Chine a été construite pour protéger les frontières du nord de la Chine contre les Huns. Les Huns étaient un peuple de cavaliers féroces qui vivaient en Asie centrale et terrorisaient leurs voisins, les Chinois. Les Chinois commencèrent à édifier la Grande Muraille, au IIIe siècle avant Jésus-Christ. Elle ne fut achevée que des centaines d'années plus tard.
La muraille terminée s'étendait sur 3 500 kilomètres et avait une hauteur moyenne de 8 mètres. L'intérieur des murs est composé de couches de terre recouvertes de briques brûlées, et les murs sont en pierres taillées. Plus de 300 000 hommes ont travaillé à son édification. Elle constituait une frontière continue à l'ouest de la Chine et une immense route pour les émissaires impériaux. Aujourd'hui plus de 2 000 ans après, la Grande Muraille de Chine est encore la plus grande construction du monde jamais réalisée par l'homme.

La défense de la Grande Muraille de Chine

Au sommet de la grande muraille court une voie en pierre d'environ 5 mètres de large. Sous les empereurs de Chine, elle était assez large pour que six cavaliers s'y tiennent de front. Lorsqu'un danger était signalé le long de la muraille, la cavalerie chinoise pouvait se rendre rapidement sur place pour repousser l'ennemi.

Des tours de guet et des corps de garde étaient placés à intervalles réguliers, tout le long de la muraille. Dans chaque poste de guet veillaient des gardes ; si les gardes avaient besoin de renfort, ils allumaient des feux visibles de loin pour prévenir les troupes qui se tenaient dans les principaux forts chinois.

Les Huns étaient des nomades, c'est-à-dire qu'ils n'avaient pas de domicile fixe. Ils se déplaçaient dans le désert de Gobie, en Asie centrale, et étaient très craints des Chinois qui vivaient dans les fermes et les villes à la périphérie du désert. Les Huns attaquaient à cheval. Ils étaient armés de petits arcs très puissants en corne ; ils encerclaient leurs ennemis et tiraient sur eux avant de se disperser ; puis ils chargeaient à nouveau jusqu'à ce que l'ennemi soit vaincu.

Comment attaquait-on les châteaux forts ?

Les nobles et les chevaliers du Moyen Âge, en Europe ont fait construire de grands châteaux défensifs en pierre. En tant que nobles, ils devaient protéger leur maisonnée ainsi que les familles vivant sur leurs terres contre leurs ennemis, le plus souvent d'autres chevaliers. Pour attaquer le château fort, l'ennemi avait à sa disposition plusieurs techniques. La tour de siège : montée sur des roues, elle était amenée contre les murs du château assiégé, et permettait aux soldats d'escalader les façades et de pénétrer dans le château, à couvert. Les catapultes : gigantesques, elles étaient chargées de grosses pierres qui détruisaient les murs. Les béliers : manipulés par plusieurs hommes, ils servaient à enfoncer les portes. Les assiégeants se protégeaient derrière de grands boucliers ou pavois qui leur permettaient de placer des échelles contre les murs du château et de les escalader. Ils pouvaient aussi creuser des tunnels sous les tours du château et en détruire les fondations pour qu'elles s'effondrent.

Pour défendre les châteaux forts

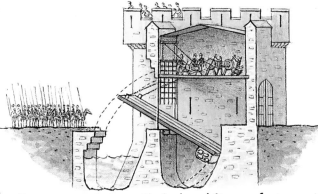

Pour ne pas être assiégés, les châteaux forts devaient être pourvus de systèmes de défense élaborés. Il y avait généralement un corps de gardes à l'avant du château entouré de douves et muni d'un pont-levis qui pouvait être levé à l'approche de l'ennemi. Derrière le pont-levis, la herse (grille de fer très solide) était abaissée pour défendre l'entrée.

A l'intérieur du château, les soldats étaient armés d'arcs et d'arbalètes. Des meurtrières étaient percées dans les murs des tours pour que les archers puissent tirer sur l'ennemi tout en étant protégés.

Les défenseurs du château déversaient du haut des tours de gigantesques chaudrons d'eau ou d'huile bouillante, ou encore du plomb fondu sur les ennemis situés en contrebas. Ils faisaient aussi tomber de grosses pierres sur les assiégeants pour les empêcher de grimper sur des échelles le long des murs du château.

Qui a construit ce château féerique ?

Le château de Neuschwanstein situé dans le sud de l'Allemagne, en Bavière, semble sortir d'un conte de fées. Il a été construit par le roi Louis II de Bavière, au milieu du XIXe siècle. A cette époque, l'Allemagne n'était pas unifiée et la Bavière était une nation indépendante gouvernée depuis la ville de Munich. Le roi Louis II se consacrait à sa passion qui était la construction de superbes châteaux

destinés à être admirés par le monde entier.

Louis II de Bavière désirait que les gens en regardant le château de Neuschwanstein le prennent pour une forteresse allemande du Moyen Age. C'est pour cette raison qu'il est muni d'un système défensif et flanqué de nombreuses tours et tourelles couronnées de toits pointus.

Pour en savoir plus sur les châteaux médiévaux

Pourquoi construisait-on des châteaux ?
Au Moyen Age, les hommes bâtissaient des châteaux pour y habiter en sécurité. Ils les construisaient souvent dans des lieux stratégiques afin de contrôler la région qui les entourait. Le château de Caernarfon, situé dans le nord-ouest du Pays de Galles (Grande-Bretagne), fut construit au XIIIe siècle par Edouard Ier, roi d'Angleterre. Au cours de ses tentatives pour conquérir le Pays de Galles, il fit construire dans le pays de nombreux châteaux massifs où il installa ses soldats. Ces nouveaux châteaux étaient vastes et fort bien conçus : ils avaient d'épais murs de pierre, des remparts à créneaux, et de grosses tours surmontées de tourelles de guet.

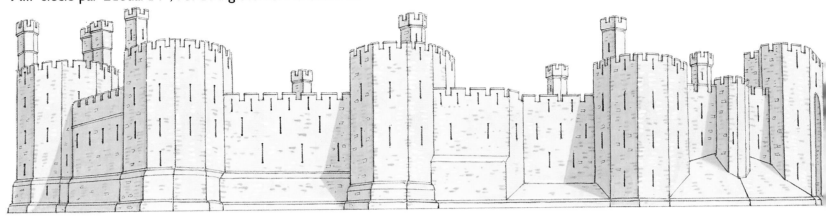

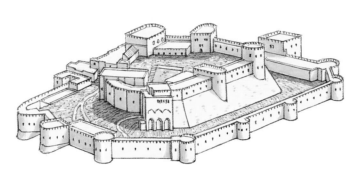

Comment étaient construits les premiers châteaux ?
En Europe, les premiers châteaux étaient en bois ; ils se dressaient souvent sur des monticules de terre appelées des « mottes ». Tout autour de la motte, les hommes construisaient une solide palissade en bois qui délimitait un espace appelé la « lice ».

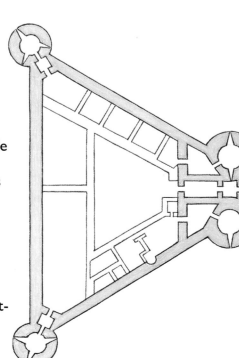

Où construisait-on les châteaux ?
On trouvait généralement des châteaux à proximité des grandes villes, à côté de fleuves ou de routes importantes. Ils se dressaient au sommet des collines d'où leurs occupants pouvaient surveiller les environs Le château appelé « Krak des Chevaliers » se trouve en Syrie au Moyen-Orient ; il est situé sur un plateau qui domine la vallée en contrebas.

Quelle est la forme d'un château ?
Un château peut avoir n'importe quelle forme, il peut même être triangulaire. Le château de Caerlaverock en Ecosse, se déploie sur trois côtés afin d'être défendu plus facilement. Le château était entouré de douves qui empêchaient toute approche de l'ennemi, *(cf. plan ci-contre)*. En temps de paix, le pont-levis était abaissé.

Où ont-ils été construits ?

Cette carte montre
l'emplacement des châteaux
illustrés dans ce livre.
Ils ont été construits en Europe
et au Moyen-Orient.

Qui habitait dans les châteaux forts ?

Le châtelain et la châtelaine dans leurs plus
beaux atours *(ci-dessus)*.
Les chevaliers d'Europe appelés les croisés,
qui partirent au Moyen-Orient pour
combattre les musulmans *(à gauche)*. Là-bas,
ils firent construire des châteaux énormes
d'où ils partaient au combat pour repousser
les musulmans hors de Terre sainte.

Qui a construit les premiers châteaux ?

Ce soldat vient de Normandie,
dans le nord-ouest de la France.
Les Normands furent les
premiers à construire des
châteaux sur des mottes.

Comment était organisé l'intérieur d'un château ?

Au dernier étage du château vivaient le châtelain et
la châtelaine ainsi que leur famille. La grande salle
et la chapelle, la salle de garde, le dépôt d'armes,
et les réserves de nourriture se trouvaient aux étages
inférieurs ; quant aux cachots ils étaient situés dans
le soubassement. Le château était aussi équipé d'une
cuisine avec de grandes cheminées capables de rôtir
des animaux entiers, d'un puits et de toilettes
rudimentaires à l'extérieur des tours.

13

Pourquoi Stonehenge a-t-il été édifié ?

Le mystérieux cercle de pierres monolithiques de Stonehenge est situé sur la plaine de Salisbury dans le sud de l'Angleterre.

C'est en 2 500 av. J.C. environ que commença son édification, qui a dû s'achever en l'an 1 300 après J.C. Personne ne sait pourquoi ce site a été construit.

Selon certaines légendes, Merlin l'Enchanteur au Moyen Age aurait déplacé, par magie Stonehenge d'Irlande vers l'Angleterre.

Les archéologues pensent que Stonehenge était un temple voué au culte du soleil ou un site d'où l'on observait les mouvements du soleil et de la lune.

Silbury Hill se trouve à quelques kilomètres de Stonehenge. C'est le plus grand tertre préhistorique d'Europe jamais édifié par l'homme. Sa construction a commencé en 2 600 av. J.C. environ, et on pense que 500 hommes y auraient participé pendant près de 10 ans. Ce tertre était peut-être une tombe et certaines légendes disent qu'une statue en or y a été enterrée.

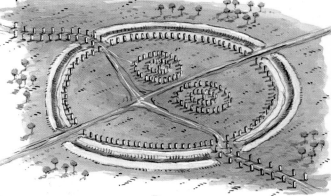

Le cercle de pierres d'Avebury (Grande-Bretagne) est un site bien plus important et bien plus ancien que celui de Stonehenge. Aujourd'hui, il n'y reste plus que quelques menhirs entourés par un talus et un fossé. Deux routes reliaient Avebury à d'autres sites préhistoriques. Les archéologues pensent que ce cercle était un temple voué au culte du soleil.

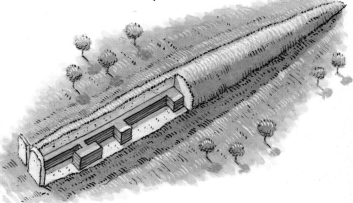

Le long tumulus situé à West Kennet, non loin d'Avebury a été construit vers 2 700 av. J.C. Il mesure 106 mètres de long et est recouvert d'une colline en craie. Ce tumulus abrite un long couloir qui mène à 5 chambres funéraires. Une trentaine de personnes, dont 10 enfants, avaient été enterrées dans cette tombe.

Pourquoi a-t-on construit des cathédrales ?

Les cathédrales ont été construites pour être des lieux publics dans lesquels les chrétiens venaient célébrer le Dieu chrétien. De nombreuses cathédrales ont aussi été édifiées pour servir de symboles de puissance. Une cathédrale construite au milieu d'une ville prouvait en effet que ses habitants étaient assez riches pour se permettre une telle dépense. Entre le XIe et le XVIe siècle, des centaines de cathédrales ont été bâties en Europe.

Le premier travail était de creuser les fondations de l'édifice, qui pouvaient atteindre jusqu'à 8 mètres de profondeur. Ensuite on construisait les murs et les piliers en pierre à partir des fondations. Enfin on dressait la charpente faite de poutres et de planches que l'on hissait avec des cordes, des poulies et des treuils.

Pour en savoir plus sur les cathédrales

La basilique Saint-Pierre à Rome, est la plus grande église du monde. Elle a été construite entre 1506 et 1626 sur l'emplacement de la tombe de l'apôtre Pierre. Cette église construite par plusieurs architectes a la forme d'une croix latine et mesure plus de 213 mètres de long.

La cathédrale Saint-Basile, aux couleurs vives se trouve sur la Place Rouge, au centre de Moscou, capitale de la Russie. Elle est formée en réalité d'une chapelle centrale entourée de huit autres chapelles plus petites. Saint-Basile a été construite entre 1555 et 1560 ; elle est très connue pour ses dômes, en forme de bulbes et pour ses nombreux clochers.

L'église de la Sagrada Familia – la Sainte Famille – se trouve à Barcelone en Espagne.
Elle fut dessinée par Antonio Gaudi et commencée en 1883. A la mort de Gaudi en 1926, elle n'était pas terminée et elle est toujours « en construction » aujourd'hui.

Où se trouve l'île de Pâques ?

L'île de Pâques est située dans la partie orientale de l'océan Pacifique. C'est Jacob Roggeveen, amiral hollandais qui lui donna ce nom car il fut le premier Européen a débarquer sur l'île, le dimanche de Pâques de 1722.

Il découvrit une île peuplée de gigantesques statues aux grandes oreilles ; certaines avaient presque 12 mètres de haut ; elles étaient alignées et édifiées sur des socles en pierre. Les historiens ont daté la plus ancienne statue du XIe siècle ; ils pensent que les hommes qui les ont érigées ont tous été tués par les ancêtres des habitants actuels de l'île.

Pour en savoir plus
sur l'île de Pâques

Quelques petites statues ont été découvertes sur l'île de Pâques ; elles sont assez différentes des grandes statues. Elles représentent souvent des hommes agenouillés ; elles ont vraisemblablement été sculptées par les premiers habitants de l'île, il y a environ 1 500 ans.

En 1947 un explorateur norvégien, Thor Heyerdahl, partit à bord d'un radeau en balsa en direction de l'ouest du Pérou, en Amérique du Sud, jusqu'à l'archipel Tuamotu situé dans le sud de l'océan Pacifique. Il pensait que les premiers colons de l'île de Pâques étaient venus d'Amérique du Sud et qu'ils avaient traversé l'océan sur un radeau.
Il appela son embarcation le *Kon Tiki*.

Au sud de l'île de Pâques, à Orongo, on a découvert des pierres sculptées représentant des hommes portant des masques d'oiseaux. Les historiens pensent que les habitants de l'île vénéraient un dieu oiseau.

Pour en savoir plus sur les statues célèbres

Quelle est la taille du Grand Bouddha ?
Le Dafo ou Grand Bouddha *(à gauche)*, de Leshan en Chine, mesure 70 mètres de haut et trône sur les rives du fleuve Min. Il a été dessiné par un moine bouddhiste appelé Haitong et construit en 713 après J.C. Cette image de Bouddha a été considérée comme la plus grande statue du monde pendant 1 250 ans, jusqu'à ce que la statue de la Mère Patrie soit terminée en 1967. Ces gigantesques statues peuvent être vues à plusieurs kilomètres de distance ; elles sont généralement construites pour impressionner les gens.

Quelles sont les figures représentées sur le Mont Rushmore ?
Les têtes de quatre présidents des Etats-Unis, George Washington, Thomas Jefferson, Theodore Roosevelt et Abraham Lincoln, ont été sculptées dans la pierre du Mont Rushmore, dans le sud du Dakota, aux Etats-Unis. Chaque tête mesure 18 mètres de haut.

Pourquoi la Mère Patrie fut-elle édifiée ?
La statue en béton représentant la Mère Patrie *(à droite)* fut érigée en 1967 en commémoration de la victoire des Russes sur l'armée allemande au cours de la bataille de Stalingrad en 1942-1943. Cette statue mesure 82 mètres : c'est la plus grande statue du monde.

Où se trouve la statue de la Liberté ?

La statue de la Liberté, qui mesure 46 mètres de haut, est située sur l'île de Bedloe dans le port de New York. Elle a été offerte aux Etats-Unis par la France en 1884 en commémoration du centième anniversaire de l'Indépendance de l'Amérique.

Qui sont les guerriers en terre cuite ?

Quand le premier empereur de Chine, Shi Huang Ti, mourut vers 210 av. J.C., il fut enterré dans une grande tombe et gardé par plus de huit mille statues en terre cuite de soldats, réalisés grandeur nature, qui ont été enterrées autour de son tombeau. Chaque statue a un visage différent.

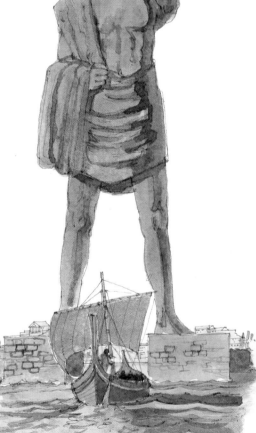

Pourquoi le Colosse de Rhodes a-t-il été construit ?

Bien que le Colosse de Rhodes (*à droite*) ait été une des plus célèbres statues de l'Antiquité, personne ne sait à quoi il ressemblait, car il fut détruit en 224 av. J.C. suite à un tremblement de terre. La légende raconte que le peuple de Rhodes après avoir défendu avec succès son île contre une invasion en 304 av. J.C. avait érigé cette gigantesque statue pour remercier son dieu, le dieu Soleil Hélios, de l'avoir protégé.

De quand date le Grand Sphinx ?

Le Grand Sphinx est le gardien des pyramides égyptiennes de Gizeh depuis près de 4 500 ans. Le sphinx complet sculpté dans la masse du roc mesure 20 mètres de haut.

21

Comment construisait-on les pyramides ?

Les pyramides ont été construites il y a plus de 4 500 ans. C'était des tombeaux gigantesques et magnifiques dans lesquels les pharaons d'Egypte désiraient être enterrés avec leurs trésors dont ils pensaient avoir besoin dans leur vie future. Deux millions trois cent mille blocs de pierre pesant chacun deux tonnes et demi furent nécessaires à la construction de la Grande Pyramide. Les hommes taillaient les pierres à la main avec des outils en bronze et en silex. On utilisait des rampes pour hisser les blocs jusqu'au sommet au fur et à mesure que la pyramide montait. On pense qu'il a fallu un million d'hommes et plus de 20 ans pour construire cet extraordinaire monument.

Pour en savoir plus sur les pyramides

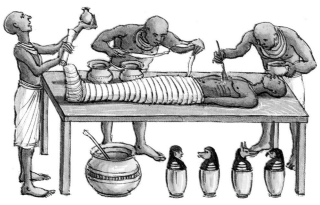

Pour que le Pharaon puisse être enterré, il fallait que son corps soit conservé ou momifié. Pour cela, on retirait les organes du corps, on les faisait sécher indépendamment, puis on les plaçait dans des jarres spéciales. Le corps était ensuite embaumé d'huiles parfumées, puis enveloppé de plusieurs épaisseurs de bandages en lin.

Les Egyptiens croyaient à une nouvelle vie après la mort, si bien que tout ce qui contribuait à rendre la vie agréable était disposé à l'intérieur des tombeaux des pharaons : meubles, nourriture, trésor, et même des jeux. Des prières manuscrites et le Livre des Morts étaient enterrés avec la momie afin que le défunt puisse entrer dans sa vie future en toute sécurité. Les murs du tombeau étaient recouverts de hiéroglyphes et de peintures.

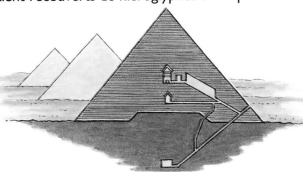

La Grande Pyramide abritait la chambre funéraire du Pharaon Cheops ; son corps reposait dans un grand sarcophage de pierre. Deux fausses chambres avaient été construites en dessous de la chambre funéraire afin de désorienter les éventuels pilleurs de tombes. De gigantesques blocs de pierre bouchaient l'entrée de la chambre funéraire ainsi que celle de la pyramide.

Qu'appelle-t-on le temple d'Angkor Vat ?

Angkor Vat est le plus grand temple du monde. Il a été construit au XIIᵉ siècle par l'empereur Sûryavarman II, régnant sur le grand Empire khmer du Cambodge, en Asie du Sud-Est. Il est situé à l'extérieur de la ville d'Angkor Thom, la capitale de l'Empire khmer. Angkor Vat fut édifié pour servir de temple hindou et de palais royal à l'empereur qui était vénéré comme un dieu roi. Le temple était entouré de douves d'une largeur de 200 mètres et on accédait à la première enceinte par trois chaussées distinctes.

A l'intérieur de l'enceinte, s'ouvraient d'autres enceintes et un réseau compliqué de portails, d'escaliers, de tombeaux et de galeries. Au centre du temple, dominait une pyramide de plus de 60 mètres de haut. Partout dans le temple, des sculpteurs avaient décoré les lieux de statues et de bas-reliefs sculptés.

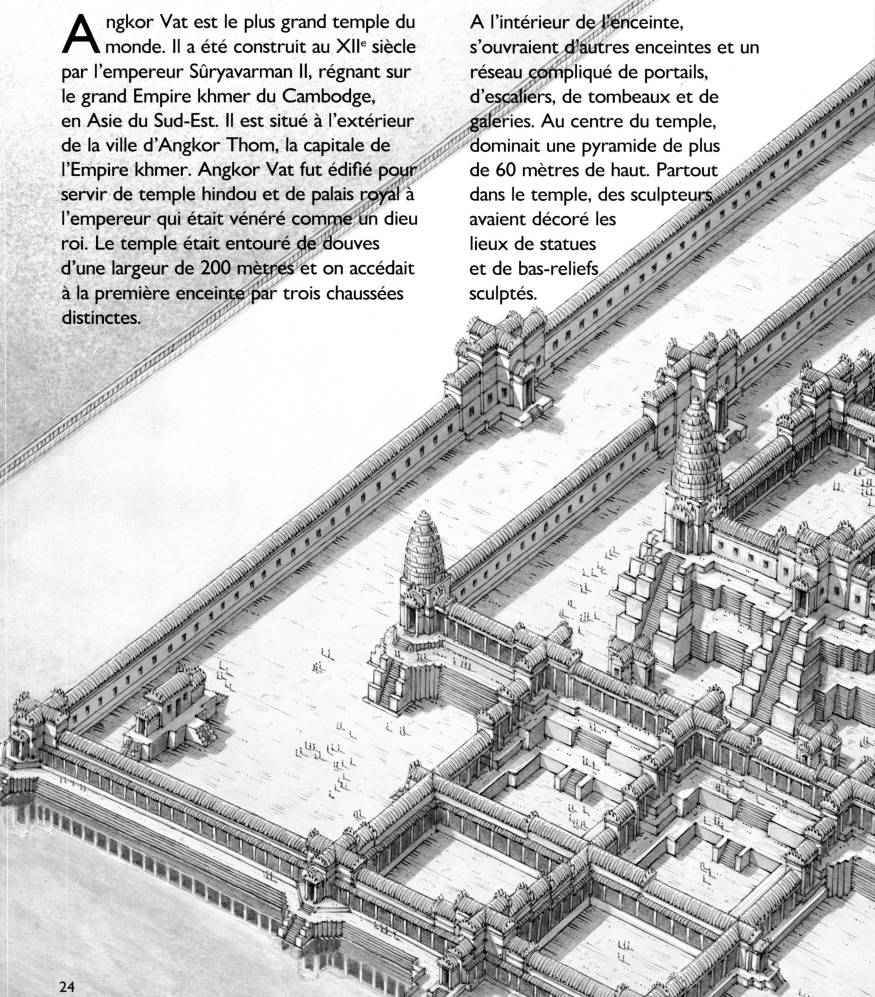

Pour en savoir plus sur l'Empire khmer

En 1434, l'Empire khmer fut envahi et les Khmers abandonnèrent le Temple ainsi que la ville d'Angkor Thom. Pendant plus de quatre cents ans, Angkor Vat et Angkor Thom restèrent enfouis sous la jungle. Puis, en 1861 un naturaliste français, Albert Henri Mouchot, qui s'intéressait à la faune sauvage de la région, aperçut les hautes tours de pierre du temple qui s'élevaient au-dessus des arbres. Le magnifique temple d'Angkor Vat et la capitale de l'Empire khmer venaient d'être redécouverts.

Ce gigantesque visage est sculpté sur une des tours de la ville d'Angkor Thom. Il représente celui de l'empereur Jayavarman VII en dieu roi. La ville d'Angkor Thom renferme une infinité de sculptures en grès. Elles représentent la vie dans l'Empire khmer, les dieux et les bêtes mythiques, les légendes religieuses, les rois et les reines ainsi que les éléphants.

Pourquoi le Taj Mahal a-t-il été construit ?

Le Taj Mahal est un tombeau magnifique qui a été construit au XVIIe siècle par l'empereur indien Shah Jaham en mémoire de sa femme préférée Mumtaz Mahal qui venait de mourir.

Ce tombeau fut érigé sur les rives du Jumna, fleuve sacré, près d'Agra, la capitale de l'Empire mongol en Inde. Il est en marbre blanc poli et il semble changer de couleur lorsque le soleil et les nuages se déplacent dans le ciel.

Le Taj Mahal est situé au milieu d'un magnifique jardin clos. Un grand bassin devant le tombeau réfléchit les tours et le dôme de l'édifice. Les murs à l'intérieur du tombeau sont décorés de 43 sortes de pierres précieuses.

La construction du tombeau commença en 1630 et dura dix-huit ans.

Qui a construit le Taj Mahal ?

Muntaz Mahal, la très belle femme de l'empereur Moghol de l'Inde, mourut en donnant naissance à son premier enfant .
L'empereur eut tellement de chagrin qu'il ordonna la construction d'un tombeau monumental qui abriterait le corps de sa femme.
Plus de 20 000 hommes participèrent à l'édification du monument.

La légende dit que Shah Jahan voulut faire édifier un tombeau sur l'autre rive du deuxième fleuve Jumna pour lui. Il voulait que son tombeau soit la copie de celui de sa femme mais en marbre noir. Cependant, son fils prit le pouvoir avant qu'il n'ait commencé à édifier son tombeau et le fit emprisonner dans un fort d'Agra. A la mort de Shah Jahan, on plaça son corps à côté de sa femme bien-aimée, dans le Taj-Mahal. Le terme   « Taj Mahal » signifie « la Couronne de la Reine. »

Qu'est-ce qu'un pont suspendu ?

Un pont suspendu est formé d'une chaussée suspendue à des câbles tendus entre deux tours. Les câbles sont ancrés dans le sol aux extrémités du pont de façon à équilibrer les tours et à maintenir la chaussée. L'avantage de ce type de pont est qu'il peut être construit au-dessus d'un très large estuaire sans support intermédiaire. Le Golden Gate Bridge, un des plus célèbres ponts suspendus du monde, relie les deux rives du port de San Francisco. Il fut achevé en 1937 par l'ingénieur J.B. Strauss. La portée du pont qui sépare les deux tours est de 1280 mètres et chaque tour mesure 227 mètres de haut. Le tablier (chaussée) a une largeur de 28 mètres et il est suspendu par des câbles très épais ayant presque un mètre de diamètre.

Pour en savoir plus sur les ponts

De quoi est constitué un pont plat ?

Un pont plat *(à droite)* est entièrement constitué
de grandes pierres. Les piles du pont ou supports,
sont formées de pierres empilées les unes sur les
autres. Sur ces piles, reposaient des pierres
longues et plates servant de chaussée pour les
piétons. Certains ponts plats ont été construits il
y a plus de mille ans.

Quelle est la particularité du Ponte Vecchio ?

Au Moyen Age en Europe, de nombreux ponts
ont été construits avec des maisons et des magasins
attenants. Parmi les ponts qui ont été conservés
jusqu'à aujourd'hui, le plus célèbre est le Ponte
Vecchio (vieux pont) qui se trouve à Florence, en
Italie. Ce pont en pierre fut construit au-dessus de
l'Arno en 1345.
Au début, les bouchers occupaient les magasins
construits sur le pont, mais au cours du XVe siècle
les orfèvres les ont peu à peu remplacés. Ils y sont
encore aujourd'hui.

Pourquoi le pont aqueduc du Gard a-t-il été construit ?

En 19 av. J.C., les Romains,
édifièrent le pont aqueduc
du Gard près de Nîmes,
(à droite) dans le sud de la
France, pour amener l'eau
jusqu'à une ville voisine.
L'aqueduc est composé de
trois étages de ponts à
arcades. L'eau s'écoule dans
un canal situé au dernier
étage, protégé par des
dalles de pierres plates.

Quel genre de pont traverse le port de Sydney ?

Le port très animé de Sydney
en Australie, est dominé par
un des plus longs ponts arqués
en acier du monde. Le pont a
une envergure de 502 mètres
et comporte quatre voies
ferrées et deux voies
piétonnières sur 17 mètres
de large ; il a été construit à
52 mètres au-dessus du port.
Il a fallu huit ans de 1924 à
1932 pour achever sa
construction.

Comment un pont flottant est-il maintenu ?

Pour construire un pont flottant, il faut rassembler des bateaux ancrés parallèlement les uns aux autres ; des planches en bois sont ensuite assemblées et montées au-dessus des bateaux pour faire la chaussée.

Où a-t-on construit les premiers ponts en fer et en acier ?

Le premier pont en fer du monde a été construit à Coalbrookdale (ci-dessous) au-dessus de la Severn en Grande-Bretagne, en 1779. L'utilisation du fer dans la construction des ponts (qui sont encore en place aujourd'hui) a diminué l'usage des matières premières telles que la pierre et le bois de construction.

Aux Etats-Unis, le premier pont en acier qui enjambe le Mississipi a été construit en 1874, à Saint Louis.

Où se trouve le plus grand pont cantilever du monde ?

Le pont qui enjambe le fleuve Saint-Laurent à Québec (Canada) est le plus long pont cantilever, ou pont à treillis métallique, du monde.
Il a une envergure de 547 mètres. Les ponts cantilever sont constitués de poutres suspendues en porte à faux (sans câbles) et qui ne sont soutenues qu'à leurs extrémités par deux tours.

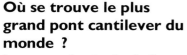

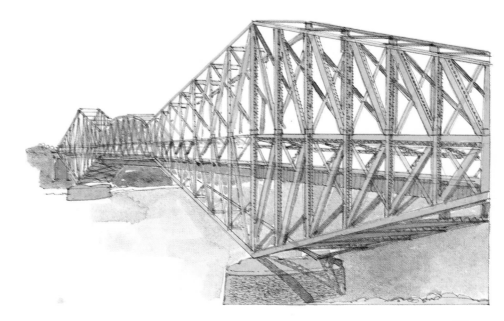

Où se trouvait le site de Machu Picchu ?

Depuis des siècles, les dirigeants espagnols de l'Amérique du Sud savaient qu'une cité magnifique était cachée quelque part dans la Cordillère des Andes. Ce site avait été construit par les Incas, peuple créatif qui fut le premier à habiter cette région. Mais il ne fut jamais découvert par les Espagnols qui conquirent l'Empire inca vers 1530. En juillet 1911, Hiram Bingham, un professeur américain, partit à la recherche de la fabuleuse cité. Il suivit une piste dans la montagne qui le mena par hasard à Machu Picchu. Là, il découvrit les vestiges d'une gigantesque capitale. Ses murs étaient en granit blanc et la ville était entourée de terres en terrasses s'étirant sur les collines où les Incas faisaient pousser leurs cultures.

La cité perdue des Incas avait été retrouvée !

Pour en savoir plus sur Machu Picchu

Les Incas étaient à l'origine une petite tribu d'Indiens d'Amérique du Sud ; ils vivaient dans une vallée située au cœur des Andes. Les Incas conquirent rapidement les territoires voisins et au XVᵉ siècle ils régnaient sur un immense empire qui s'étendait sur l'actuel Pérou. Cet empire s'écroula lorsque les Espagnols envahirent l'Amérique du Sud et tuèrent l'empereur inca.

Les historiens pensent que pour construire Machu Picchu, les Incas ont transporté des blocs de pierre sur des rampes ou des rondins et les ont hissés au sommet de la montagne avec des cordes solides. Les Incas ne connaissaient pas la roue.

Machu Picchu ayant été construit au sommet d'une montagne, il n'y avait guère de place ni de terre pour aménager des champs à cultiver. Les Incas ont dû aménager des terrasses sur les pentes abruptes de la montagne et les combler de terre prélevée dans les vallées. Les terrasses étaient irriguées avec de l'eau provenant des torrents détournés de leurs cours ; ainsi fertilisées, elles ont donné des récoltes de céréales.

Pourquoi le château de Versailles a-t-il été construit ?

Au XVIIᵉ siècle, la France était le pays le plus riche et le plus puissant d'Europe. Louis XIV, le roi de France, voulait montrer au monde entier la puissance de son pays. Autour du premier château de son père le roi Louis XIII, il fit construire un gigantesque palais à Versailles, non loin de Paris, capitale de la France. Le château mesure presque 610 mètres de long.

Il contient des centaines de chambres, de salles et de galeries décorées somptueusement et ornées de meubles, de tableaux et de statues splendides. Le château est mis en valeur par un parc magnifique où l'on peut compter 1 400 jeux d'eau ainsi que de nombreuses cascades. La réalisation de ce palais qui a duré presque 50 ans, a failli ruiner la France mais a laissé un des monuments les plus célèbres du monde.

Pour en savoir plus sur Versailles

Dans le domaine de Versailles se trouve un petit château appelé le « Petit Trianon ». Il fut construit par le roi Louis XVI au XVIIIᵉ siècle pour la reine Marie-Antoinette. Près de ce nouveau palais, elle fit installer une petit ferme, appelée le « Hameau de la Reine » où elle se retirait loin de la cour et jouait à la fermière ; elle était impopulaire aux yeux du peuple français. Elle fut guillotinée en octobre 1793 pendant la Révolution française.

La plus grande pièce du Château de Versailles est la « Galerie des Glaces ». Elle est appelée ainsi parce que ses murs sont entièrement garnis de miroirs. Elle mesure 73 mètres de long et 13 mètres de haut ; le plafond est orné de peintures représentant des scènes glorieuses de la vie de Louis XIV.
Le traité de 1919 qui marque la fin de la Première Guerre mondiale est connu sous le nom de « Traité de Versailles » parce qu'il a été signé dans la Galerie des Glaces.

Pourquoi la tour de Pise est-elle penchée ?

La tour de Pise, en Italie, commença à pencher du côté sud vers 1130, alors que les ouvriers avaient à peine terminé la construction du premier étage. Les fondations ont été construites sur un sol instable qui s'est affaissé ou déplacé sous le poids de la tour.

Les étages suivants de la tour (qui devait être le clocher de la cathédrale voisine) ont été construits avec des colonnes un peu plus hautes au sud qu'au nord, de façon à compenser son inclinaison.

Cependant, cela modifia peu l'aspect de la tour et en 1350, lorsque ses huit étages furent terminés, son sommet penchait encore vers le sud. Aujourd'hui, l'inclinaison de la tour est d'environ 4 mètres, et elle mesure 54 mètres de haut ; elle était plus élevée autrefois mais au fil des ans, elle s'est enfoncée dans le sol. De nos jours, la tour de Pise s'enfonce toujours dans le sol et penche de plus en plus. Elle s'incline de 2,5 centimètres par an. A ce rythme, elle s'écroulera dans 170 ans environ.

Pour en savoir plus sur les tours et les gratte-ciel

Pourquoi a-t-on construit des tours à San Gimignano ?

Au Moyen Age, les familles riches de la ville de San Gimignano en Italie fortifièrent leurs maisons en leur ajoutant des tours. De nombreuses tours ont également été construites pour symboliser la richesse de leur propriétaires. Plus elles étaient élevées, plus le propriétaire était important.

Pour quelle raison la tour Eiffel fut-elle construite ?

La tour Eiffel à Paris porte le nom de son créateur Gustave Eiffel. Elle fut élevée en 1889 en commémoration du centième anniversaire de la Révolution française ; elle mesure 300 mètres de haut.

Où se trouvait l'un des premiers phares construit dans le monde ?

Le phare d'Alexandrie *(à gauche)* en Egypte fut élevé en 280 av J.C. sur l'île de Pharos pour guider les bateaux jusqu'au port d'Alexandrie : c'était l'une des 7 merveilles du Monde. Il fut gravement endommagé au VIIIe siècle après J. C. lors d'un tremblement de terre. C'est de l'île de « Pharos » que vient le mot de « phare » en français.

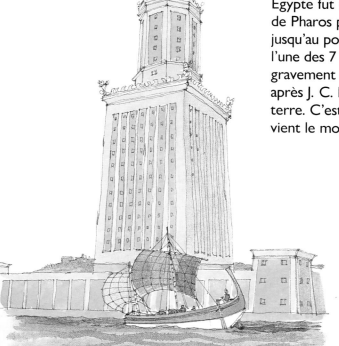

Quand fut terminée la Sears Tower ?

La Sears Tower *(à gauche)* située à Chicago dans l'Illinois est le siège de la chaîne des grands magasins « Sears » ; elle fut achevée en 1974. Elle était le bâtiment le plus élevé du monde jusqu'à ce que la tour du CN soit construite en 1975.

Où est située la tour du CN ?

La tour du CN *(ci-dessous)* est située à Toronto au Canada. Quand elle a été achevée en 1975, elle est devenue la plus grande tour non étayée du monde. Elle mesure 555 mètres de haut. Les mâts d'antenne de télévision sont tous soutenus par des haubans.

Quelle est la hauteur de l'Empire State Building ?

L'Empire State Building, situé à New York aux USA, s'élève à 449 mètres de haut. Ce gratte-ciel a 102 étages.

Pourquoi a t-on construit des gratte-ciel ?

Jusqu'au XIXᵉ siècle, un édifice devait être soutenu par des murs extérieurs épais et ne pouvait guère avoir plus de 12 étages, ou mesurer plus de 70 mètres de haut environ. Mais l'apparition des structures en fer et en acier a permis aux architectes de concevoir des bâtiments bien plus élevés. Les premiers gratte-ciel du monde ont été construits à Chicago dans les années 1890. Ils sont très vite devenus indispensables à New York où les emplacements réservés à la construction étaient rares et chers. Les constructions en hauteur étaient donc idéales. L'un des gratte-ciel le plus curieux de New York est le Chrysler Building construit en 1930.

Comment construit-on un gratte-ciel ?

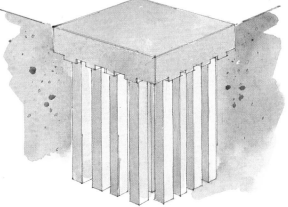

Tout d'abord on creuse les fondations et on les remplit de béton pour ancrer solidement les « jambes » du bâtiment dans le sol et éviter que le gratte-ciel ne s'affaisse sous son poids.

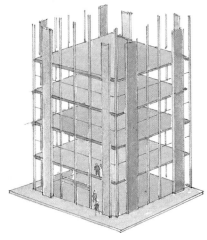

Ensuite, on érige l'armature en acier du bâtiment. En effet, il est soutenu par ce squelette intérieur plutôt que par des murs extérieurs trop massifs.

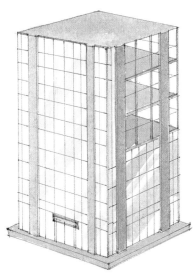

Dans un dernier temps, on ajoute des murs légers sur la façade le long du squelette ; puis, le bâtiment est équipé en électricité et autres équipements. Le gratte-ciel est alors prêt à être occupé.

A quoi servait le Colisée ?

Le Colisée est un immense théâtre ouvert en plein air, situé à Rome où se déroulaient les Jeux du cirque pendant l'Empire romain. Ces Jeux consistaient en des combats entre des lutteurs très entraînés appelés des « gladiateurs ». De temps en temps, ils devaient affronter des animaux sauvages. Le Colisée a été construit en 80 ap J.C. ; il est ovale et mesure 188 mètres de long sur 156 mètres de large.

A l'intérieur du Colisée quatre niveaux de gradins pouvaient contenir jusqu'à 50 000 spectateurs. Les spectateurs étaient protégés du soleil par une gigantesque toile de tente qui était tendue au-dessus de l'arène. Sous l'arène, dans le sous-sol un véritable dédale de couloirs et de pièces avait été aménagé pour la vie des coulisses.

Pour en savoir plus sur les gladiateurs

Les gladiateurs étaient des prisonniers de guerre, des criminels ou des esclaves chassés par leurs maîtres. On les formait au combat dans des écoles spéciales. Si les gladiateurs se battaient bien pendant les Jeux du cirque, ils étaient remis en liberté. Au contraire, s'ils étaient vaincus, ils étaient condamnés à mort par les spectateurs qui faisaient le geste symbolique de la main tendue, le pouce vers le bas. Alors ils étaient abattus dans l'arène.

Chaque gladiateur se battait avec une arme différente. Certains étaient armés d'un filet et d'un trident (lance à trois dents), d'autres d'un arc et de flèches, ou encore d'une épée et d'un bouclier. Certains se battaient même à cheval.
Les Jeux du cirque étaient l'attraction favorite des Romains. La foule immense qui assistait aux Jeux, encourageait ou conspuait ses gladiateurs préférés.

Certains gladiateurs devaient se battre contre des bêtes sauvages, tigres, lions ou panthères. On faisait jeûner les animaux, pour les rendre plus féroces le jour des Jeux. Les premiers chrétiens, persécutés pour leur foi, ont parfois été jetés aux lions au Ier et IIe siècle ap. J.C. Ils refusaient de se battre, et en attendant d'être dévorés, ils chantaient des hymnes à Dieu.

Quelle est la forme de l'Opéra de Sydney ?

Le toit d'un blanc éclatant de l'Opéra de Sydney, en Australie, a la forme de voiles gonflées par le vent. Cette architecture étonnante a été choisie parce que l'Opéra est situé sur la côte du port de Sydney, où évoluent sans cesse des yachts et des voiliers de toute taille.

L'Opéra a été conçu par l'architecte danois Joern Utzon. Il a fallu quatorze ans pour le construire, et il a été ouvert au public en 1973. Sa forme si particulière a rendu sa construction difficile et très coûteuse ; le coût de l'ensemble s'est élevé à environ cent millions de dollars de l'époque.

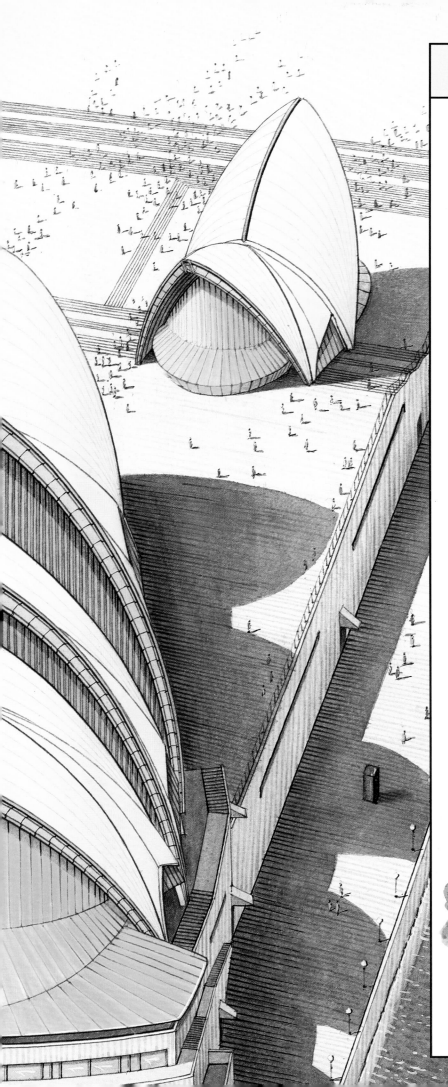

Le centre Georges-Pompidou, à Paris, porte le nom du président français mort en 1974. On l'appelle aussi « Beaubourg ». Il a été conçu à l'inverse des constructions habituelles avec les canalisations d'eau, les escalators et les tuyauteries à l'extérieur du bâtiment. Cela laisse ainsi un espace considérable dans le musée pour des expositions d'art.

L'EPCOT Center (Prototype expérimental de la communauté de demain), a été aménagé à Disney World en Floride (Etats-Unis). Ce « centre » est un parc où est représentée l'évolution de l'homme à travers les âges. La sphère, *ci-dessus*, est « le vaisseau spatial de la terre ».

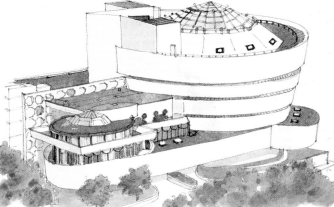

Le musée Guggenheim à New York, abrite une très importante collection d'art moderne. Il a été conçu par l'architecte américain Frank Lloyd Wright. À l'intérieur une rampe en colimaçon, qui mesure presque 536 mètres de long, s'élève en serpentant jusqu'au dôme en verre du toit.

INDEX

AN ILEX BOOK
Créé et réalisé par Ilex Publishers Limited
29-31 George Street, Oxford, OXI 2AJ
Grande-Bretagne

Illustrations principales de Stephen Biesty/Jillian Burgess Illustration
Autres illustrations de Stephen Biesty et Ian Heard